ADRESSBUCH
ALLE MEINE LEUTE

Das Pocket Size Adressbuch

www.journalsrus.com

Inhaltsverzeichnis

	Name	Seite			Name	Seite

Name	Seite		Name	Seite

THIS PAGE IS INTENTIONALLY
LEFT BLANK.

NAME..

ADDRESSE...

....

MOBIL ....

ZUHAUSE#..

ARBEIT #...

FAX..

EMAIL..

NAME..

ADDRESSE...

....

MOBIL ....

ZUHAUSE#..

ARBEIT #...

FAX..

EMAIL..

NAME..

ADDRESSE...

....

MOBIL ....

ZUHAUSE#..

ARBEIT #...

FAX..

EMAIL..

NOTIZEN:

NAME..
ADDRESSE...
....
MOBIL ....
ZUHAUSE#...
ARBEIT #..
FAX..
EMAIL...

NAME..
ADDRESSE...
....
MOBIL ....
ZUHAUSE#...
ARBEIT #..
FAX..
EMAIL...

NAME..
ADDRESSE...
....
MOBIL ....
ZUHAUSE#...
ARBEIT #..
FAX..
EMAIL...

NOTIZEN:

NAME..

ADDRESSE...

....

MOBIL ....

ZUHAUSE#..

ARBEIT #..

FAX..

EMAIL..

NAME..

ADDRESSE...

....

MOBIL ....

ZUHAUSE#..

ARBEIT #..

FAX..

EMAIL..

NAME..

ADDRESSE...

....

MOBIL ....

ZUHAUSE#..

ARBEIT #..

FAX..

EMAIL..

NOTIZEN:

NAME...
ADDRESSE...
....
MOBIL ....
ZUHAUSE#...
ARBEIT #...
FAX..
EMAIL...

NAME...
ADDRESSE...
....
MOBIL ....
ZUHAUSE#...
ARBEIT #...
FAX..
EMAIL...

NAME...
ADDRESSE...
....
MOBIL ....
ZUHAUSE#...
ARBEIT #...
FAX..
EMAIL...

NOTIZEN:

NAME...

ADDRESSE...

....

MOBIL ....

ZUHAUSE#...

ARBEIT #..

FAX..

EMAIL...

NAME...

ADDRESSE...

....

MOBIL ....

ZUHAUSE#...

ARBEIT #..

FAX..

EMAIL...

NAME...

ADDRESSE...

....

MOBIL ....

ZUHAUSE#...

ARBEIT #..

FAX..

EMAIL...

NOTIZEN:

NAME...

ADDRESSE...

....

MOBIL ....

ZUHAUSE#..

ARBEIT #..

FAX..

EMAIL...

NAME...

ADDRESSE...

....

MOBIL ....

ZUHAUSE#..

ARBEIT #..

FAX..

EMAIL...

NAME...

ADDRESSE...

....

MOBIL ....

ZUHAUSE#..

ARBEIT #..

FAX..

EMAIL...

NOTIZEN:

NAME..

ADDRESSE...

....

MOBIL ....

ZUHAUSE#...

ARBEIT #...

FAX...

EMAIL..

NAME..

ADDRESSE...

....

MOBIL ....

ZUHAUSE#...

ARBEIT #...

FAX...

EMAIL..

NAME..

ADDRESSE...

....

MOBIL ....

ZUHAUSE#...

ARBEIT #...

FAX...

EMAIL..

NOTIZEN:

7

NAME...

ADDRESSE..

....

MOBIL ....

ZUHAUSE#...

ARBEIT #..

FAX..

EMAIL..

NAME...

ADDRESSE..

....

MOBIL ....

ZUHAUSE#...

ARBEIT #..

FAX..

EMAIL..

NAME...

ADDRESSE..

....

MOBIL ....

ZUHAUSE#...

ARBEIT #..

FAX..

EMAIL..

NOTIZEN:

NAME...

ADDRESSE...

....

MOBIL ....

ZUHAUSE#...

ARBEIT #...

FAX..

EMAIL..

NAME...

ADDRESSE...

....

MOBIL ....

ZUHAUSE#...

ARBEIT #...

FAX..

EMAIL..

NAME...

ADDRESSE...

....

MOBIL ....

ZUHAUSE#...

ARBEIT #...

FAX..

EMAIL..

NOTIZEN:

NAME..

ADDRESSE...

....

MOBIL ....

ZUHAUSE#..

ARBEIT #..

FAX...

EMAIL...

NAME..

ADDRESSE...

....

MOBIL ....

ZUHAUSE#..

ARBEIT #..

FAX...

EMAIL...

NAME..

ADDRESSE...

....

MOBIL ....

ZUHAUSE#..

ARBEIT #..

FAX...

EMAIL...

NOTIZEN:

NAME...

ADDRESSE..

....

MOBIL ....

ZUHAUSE#...

ARBEIT #...

FAX...

EMAIL..

NAME...

ADDRESSE..

....

MOBIL ....

ZUHAUSE#...

ARBEIT #...

FAX...

EMAIL..

NAME...

ADDRESSE..

....

MOBIL ....

ZUHAUSE#...

ARBEIT #...

FAX...

EMAIL..

NOTIZEN:

NAME..
ADDRESSE...
....
MOBIL ....
ZUHAUSE#...
ARBEIT #..
FAX..
EMAIL...

NAME..
ADDRESSE...
....
MOBIL ....
ZUHAUSE#...
ARBEIT #..
FAX..
EMAIL...

NAME..
ADDRESSE...
....
MOBIL ....
ZUHAUSE#...
ARBEIT #..
FAX..
EMAIL...

NOTIZEN:

NAME..

ADDRESSE...

....

MOBIL ....

ZUHAUSE#..

ARBEIT #...

FAX...

EMAIL..

NAME..

ADDRESSE...

....

MOBIL ....

ZUHAUSE#..

ARBEIT #...

FAX...

EMAIL..

NAME..

ADDRESSE...

....

MOBIL ....

ZUHAUSE#..

ARBEIT #...

FAX...

EMAIL..

NOTIZEN:

NAME..

ADDRESSE...

....

MOBIL ....

ZUHAUSE#..

ARBEIT #..

FAX...

EMAIL...

NAME..

ADDRESSE...

....

MOBIL ....

ZUHAUSE#..

ARBEIT #..

FAX...

EMAIL...

NAME..

ADDRESSE...

....

MOBIL ....

ZUHAUSE#..

ARBEIT #..

FAX...

EMAIL...

NOTIZEN:

NAME...
ADDRESSE...
....
MOBIL ....
ZUHAUSE#...
ARBEIT #..
FAX...
EMAIL...

NAME...
ADDRESSE...
....
MOBIL ....
ZUHAUSE#...
ARBEIT #..
FAX...
EMAIL...

NAME...
ADDRESSE...
....
MOBIL ....
ZUHAUSE#...
ARBEIT #..
FAX...
EMAIL...

NOTIZEN:

NAME..

ADDRESSE...

....

MOBIL ....

ZUHAUSE#...

ARBEIT #..

FAX..

EMAIL..

NAME..

ADDRESSE...

....

MOBIL ....

ZUHAUSE#...

ARBEIT #..

FAX..

EMAIL..

NAME..

ADDRESSE...

....

MOBIL ....

ZUHAUSE#...

ARBEIT #..

FAX..

EMAIL..

NOTIZEN:

NAME..

ADDRESSE...

....

MOBIL ....

ZUHAUSE#..

ARBEIT #...

FAX...

EMAIL...

NAME..

ADDRESSE...

....

MOBIL ....

ZUHAUSE#..

ARBEIT #...

FAX...

EMAIL...

NAME..

ADDRESSE...

....

MOBIL ....

ZUHAUSE#..

ARBEIT #...

FAX...

EMAIL...

NOTIZEN:

17

NAME..

ADDRESSE...

....

MOBIL ....

ZUHAUSE#..

ARBEIT #...

FAX...

EMAIL..

NAME..

ADDRESSE...

....

MOBIL ....

ZUHAUSE#..

ARBEIT #...

FAX...

EMAIL..

NAME..

ADDRESSE...

....

MOBIL ....

ZUHAUSE#..

ARBEIT #...

FAX...

EMAIL..

NOTIZEN:

NAME...

ADDRESSE...

....

MOBIL ....

ZUHAUSE#..

ARBEIT #...

FAX...

EMAIL..

NAME...

ADDRESSE...

....

MOBIL ....

ZUHAUSE#..

ARBEIT #...

FAX...

EMAIL..

NAME...

ADDRESSE...

....

MOBIL ....

ZUHAUSE#..

ARBEIT #...

FAX...

EMAIL..

<u>**NOTIZEN:**</u>

NAME..

ADDRESSE..

....

MOBIL ....

ZUHAUSE#..

ARBEIT #..

FAX..

EMAIL..

NAME..

ADDRESSE..

....

MOBIL ....

ZUHAUSE#..

ARBEIT #..

FAX..

EMAIL..

NAME..

ADDRESSE..

....

MOBIL ....

ZUHAUSE#..

ARBEIT #..

FAX..

EMAIL..

NOTIZEN:

NAME..

ADDRESSE...

....

MOBIL ....

ZUHAUSE#...

ARBEIT #...

FAX...

EMAIL..

NAME..

ADDRESSE...

....

MOBIL ....

ZUHAUSE#...

ARBEIT #...

FAX...

EMAIL..

NAME..

ADDRESSE...

....

MOBIL ....

ZUHAUSE#...

ARBEIT #...

FAX...

EMAIL..

NOTIZEN:

NAME..
ADDRESSE...
....
MOBIL ....
ZUHAUSE#..
ARBEIT #...
FAX..
EMAIL...

NAME..
ADDRESSE...
....
MOBIL ....
ZUHAUSE#..
ARBEIT #...
FAX..
EMAIL...

NAME..
ADDRESSE...
....
MOBIL ....
ZUHAUSE#..
ARBEIT #...
FAX..
EMAIL...

NOTIZEN:

NAME..

ADDRESSE...

....

MOBIL ....

ZUHAUSE#..

ARBEIT #...

FAX..

EMAIL..

NAME..

ADDRESSE...

....

MOBIL ....

ZUHAUSE#..

ARBEIT #...

FAX..

EMAIL..

NAME..

ADDRESSE...

....

MOBIL ....

ZUHAUSE#..

ARBEIT #...

FAX..

EMAIL..

NOTIZEN:

NAME..

ADDRESSE..

....

MOBIL ....

ZUHAUSE#...

ARBEIT #...

FAX...

EMAIL...

NAME..

ADDRESSE..

....

MOBIL ....

ZUHAUSE#...

ARBEIT #...

FAX...

EMAIL...

NAME..

ADDRESSE..

....

MOBIL ....

ZUHAUSE#...

ARBEIT #...

FAX...

EMAIL...

NOTIZEN:

NAME..

ADDRESSE..

....

MOBIL ....

ZUHAUSE#..

ARBEIT #...

FAX...

EMAIL..

NAME..

ADDRESSE..

....

MOBIL ....

ZUHAUSE#..

ARBEIT #...

FAX...

EMAIL..

NAME..

ADDRESSE..

....

MOBIL ....

ZUHAUSE#..

ARBEIT #...

FAX...

EMAIL..

NOTIZEN:

NAME...

ADDRESSE..

....

MOBIL ....

ZUHAUSE#...

ARBEIT #...

FAX...

EMAIL..

NAME...

ADDRESSE..

....

MOBIL ....

ZUHAUSE#...

ARBEIT #...

FAX...

EMAIL..

NAME...

ADDRESSE..

....

MOBIL ....

ZUHAUSE#...

ARBEIT #...

FAX...

EMAIL..

NOTIZEN:

NAME...

ADDRESSE...

....

MOBIL ....

ZUHAUSE#...

ARBEIT #..

FAX...

EMAIL..

NAME...

ADDRESSE...

....

MOBIL ....

ZUHAUSE#...

ARBEIT #..

FAX...

EMAIL..

NAME...

ADDRESSE...

....

MOBIL ....

ZUHAUSE#...

ARBEIT #..

FAX...

EMAIL..

NOTIZEN:

NAME...

ADDRESSE..

....

MOBIL ....

ZUHAUSE#...

ARBEIT #..

FAX...

EMAIL..

NAME...

ADDRESSE..

....

MOBIL ....

ZUHAUSE#...

ARBEIT #..

FAX...

EMAIL..

NAME...

ADDRESSE..

....

MOBIL ....

ZUHAUSE#...

ARBEIT #..

FAX...

EMAIL..

NOTIZEN:

NAME..

ADDRESSE..

....

MOBIL ....

ZUHAUSE#..

ARBEIT #...

FAX..

EMAIL...

NAME..

ADDRESSE..

....

MOBIL ....

ZUHAUSE#..

ARBEIT #...

FAX..

EMAIL...

NAME..

ADDRESSE..

....

MOBIL ....

ZUHAUSE#..

ARBEIT #...

FAX..

EMAIL...

NOTIZEN:

NAME...
ADDRESSE..
....
MOBIL ....
ZUHAUSE#..
ARBEIT #..
FAX..
EMAIL...

NAME...
ADDRESSE..
....
MOBIL ....
ZUHAUSE#..
ARBEIT #..
FAX..
EMAIL...

NAME...
ADDRESSE..
....
MOBIL ....
ZUHAUSE#..
ARBEIT #..
FAX..
EMAIL...

NOTIZEN:

NAME...

ADDRESSE..

....

MOBIL ....

ZUHAUSE#..

ARBEIT #..

FAX..

EMAIL...

NAME...

ADDRESSE..

....

MOBIL ....

ZUHAUSE#..

ARBEIT #..

FAX..

EMAIL...

NAME...

ADDRESSE..

....

MOBIL ....

ZUHAUSE#..

ARBEIT #..

FAX..

EMAIL...

NOTIZEN:

NAME...

ADDRESSE...

....

MOBIL ....

ZUHAUSE#...

ARBEIT #..

FAX...

EMAIL..

NAME...

ADDRESSE...

....

MOBIL ....

ZUHAUSE#...

ARBEIT #..

FAX...

EMAIL..

NAME...

ADDRESSE...

....

MOBIL ....

ZUHAUSE#...

ARBEIT #..

FAX...

EMAIL..

NOTIZEN:

NAME...

ADDRESSE...

....

MOBIL ....

ZUHAUSE#...

ARBEIT #...

FAX..

EMAIL..

NAME...

ADDRESSE...

....

MOBIL ....

ZUHAUSE#...

ARBEIT #...

FAX..

EMAIL..

NAME...

ADDRESSE...

....

MOBIL ....

ZUHAUSE#...

ARBEIT #...

FAX..

EMAIL..

NOTIZEN:

NAME..

ADDRESSE..

....

MOBIL ....

ZUHAUSE#...

ARBEIT #...

FAX..

EMAIL...

NAME..

ADDRESSE..

....

MOBIL ....

ZUHAUSE#...

ARBEIT #...

FAX..

EMAIL...

NAME..

ADDRESSE..

....

MOBIL ....

ZUHAUSE#...

ARBEIT #...

FAX..

EMAIL...

NOTIZEN:

NAME..

ADDRESSE..

....

MOBIL ....

ZUHAUSE#..

ARBEIT #...

FAX...

EMAIL...

NAME..

ADDRESSE..

....

MOBIL ....

ZUHAUSE#..

ARBEIT #...

FAX...

EMAIL...

NAME..

ADDRESSE..

....

MOBIL ....

ZUHAUSE#..

ARBEIT #...

FAX...

EMAIL...

NOTIZEN:

NAME...

ADDRESSE...

....

MOBIL ....

ZUHAUSE#...

ARBEIT #..

FAX...

EMAIL...

NAME...

ADDRESSE...

....

MOBIL ....

ZUHAUSE#...

ARBEIT #..

FAX...

EMAIL...

NAME...

ADDRESSE...

....

MOBIL ....

ZUHAUSE#...

ARBEIT #..

FAX...

EMAIL...

<u>**NOTIZEN:**</u>

NAME...

ADDRESSE...

....

MOBIL ....

ZUHAUSE#..

ARBEIT #...

FAX...

EMAIL...

NAME...

ADDRESSE...

....

MOBIL ....

ZUHAUSE#..

ARBEIT #...

FAX...

EMAIL...

NAME...

ADDRESSE...

....

MOBIL ....

ZUHAUSE#..

ARBEIT #...

FAX...

EMAIL...

NOTIZEN:

NAME...

ADDRESSE...

....

MOBIL ....

ZUHAUSE#..

ARBEIT #...

FAX..

EMAIL...

NAME...

ADDRESSE...

....

MOBIL ....

ZUHAUSE#..

ARBEIT #...

FAX..

EMAIL...

NAME...

ADDRESSE...

....

MOBIL ....

ZUHAUSE#..

ARBEIT #...

FAX..

EMAIL...

NOTIZEN:

NAME...

ADDRESSE...

....

MOBIL ....

ZUHAUSE#...

ARBEIT #...

FAX...

EMAIL..

NAME...

ADDRESSE...

....

MOBIL ....

ZUHAUSE#...

ARBEIT #...

FAX...

EMAIL..

NAME...

ADDRESSE...

....

MOBIL ....

ZUHAUSE#...

ARBEIT #...

FAX...

EMAIL..

NOTIZEN:

NAME..

ADDRESSE...

....

MOBIL...

ZUHAUSE#...

ARBEIT #...

FAX..

EMAIL..

NAME..

ADDRESSE...

....

MOBIL...

ZUHAUSE#...

ARBEIT #...

FAX..

EMAIL..

NAME..

ADDRESSE...

....

MOBIL...

ZUHAUSE#...

ARBEIT #...

FAX..

EMAIL..

NOTIZEN:

NAME..

NAME..

ADDRESSE...

....

MOBIL ....

ZUHAUSE#..

ARBEIT #...

FAX..

EMAIL..

NAME..

ADDRESSE...

....

MOBIL ....

ZUHAUSE#..

ARBEIT #...

FAX..

EMAIL..

NAME..

ADDRESSE...

....

MOBIL ....

ZUHAUSE#..

ARBEIT #...

FAX..

EMAIL..

NOTIZEN:

NAME...
ADDRESSE...
....
MOBIL ....
ZUHAUSE#..
ARBEIT #...
FAX...
EMAIL...

NAME...
ADDRESSE...
....
MOBIL ....
ZUHAUSE#..
ARBEIT #...
FAX...
EMAIL...

NAME...
ADDRESSE...
....
MOBIL ....
ZUHAUSE#..
ARBEIT #...
FAX...
EMAIL...

<u>**NOTIZEN:**</u>

NAME..

ADDRESSE...

....

MOBIL ....

ZUHAUSE#...

ARBEIT #...

FAX..

EMAIL...

NAME..

ADDRESSE...

....

MOBIL ....

ZUHAUSE#...

ARBEIT #...

FAX..

EMAIL...

NAME..

ADDRESSE...

....

MOBIL ....

ZUHAUSE#...

ARBEIT #...

FAX..

EMAIL...

NOTIZEN:

43

NAME...

ADDRESSE..

....

MOBIL ....

ZUHAUSE#..

ARBEIT #..

FAX...

EMAIL...

NAME...

ADDRESSE..

....

MOBIL ....

ZUHAUSE#..

ARBEIT #..

FAX...

EMAIL...

NAME...

ADDRESSE..

....

MOBIL ....

ZUHAUSE#..

ARBEIT #..

FAX...

EMAIL...

NOTIZEN:

NAME..

ADDRESSE...

....

MOBIL ....

ZUHAUSE#...

ARBEIT #..

FAX...

EMAIL...

NAME..

ADDRESSE...

....

MOBIL ....

ZUHAUSE#...

ARBEIT #..

FAX...

EMAIL...

NAME..

ADDRESSE...

....

MOBIL ....

ZUHAUSE#...

ARBEIT #..

FAX...

EMAIL...

NOTIZEN:

NAME...

ADDRESSE...

....

MOBIL ....

ZUHAUSE#...

ARBEIT #...

FAX..

EMAIL...

NAME...

ADDRESSE...

....

MOBIL ....

ZUHAUSE#...

ARBEIT #...

FAX..

EMAIL...

NAME...

ADDRESSE...

....

MOBIL ....

ZUHAUSE#...

ARBEIT #...

FAX..

EMAIL...

NOTIZEN:

NAME...

ADDRESSE...

....

MOBIL ....

ZUHAUSE#...

ARBEIT #...

FAX...

EMAIL...

NAME...

ADDRESSE...

....

MOBIL ....

ZUHAUSE#...

ARBEIT #...

FAX...

EMAIL...

NAME...

ADDRESSE...

....

MOBIL ....

ZUHAUSE#...

ARBEIT #...

FAX...

EMAIL...

NOTIZEN:

NAME...

ADDRESSE..

....

MOBIL ....

ZUHAUSE#...

ARBEIT #..

FAX..

EMAIL..

NAME...

ADDRESSE..

....

MOBIL ....

ZUHAUSE#...

ARBEIT #..

FAX..

EMAIL..

NAME...

ADDRESSE..

....

MOBIL ....

ZUHAUSE#...

ARBEIT #..

FAX..

EMAIL..

NOTIZEN:

NAME...

ADDRESSE...

....

MOBIL ....

ZUHAUSE#...

ARBEIT #..

FAX...

EMAIL..

NAME...

ADDRESSE...

....

MOBIL ....

ZUHAUSE#...

ARBEIT #..

FAX...

EMAIL..

NAME...

ADDRESSE...

....

MOBIL ....

ZUHAUSE#...

ARBEIT #..

FAX...

EMAIL..

NOTIZEN:

NAME..

ADDRESSE..

....

MOBIL ....

ZUHAUSE#..

ARBEIT #..

FAX...

EMAIL..

NAME..

ADDRESSE..

....

MOBIL ....

ZUHAUSE#..

ARBEIT #..

FAX...

EMAIL..

NAME..

ADDRESSE..

....

MOBIL ....

ZUHAUSE#..

ARBEIT #..

FAX...

EMAIL..

NOTIZEN:

NAME...
ADDRESSE..
....
MOBIL ....
ZUHAUSE#...
ARBEIT #..
FAX...
EMAIL...

NAME...
ADDRESSE..
....
MOBIL ....
ZUHAUSE#...
ARBEIT #..
FAX...
EMAIL...

NAME...
ADDRESSE..
....
MOBIL ....
ZUHAUSE#...
ARBEIT #..
FAX...
EMAIL...

NOTIZEN:

NAME..

ADDRESSE...

....

MOBIL ....

ZUHAUSE#..

ARBEIT #..

FAX..

EMAIL...

NAME..

ADDRESSE...

....

MOBIL ....

ZUHAUSE#..

ARBEIT #..

FAX..

EMAIL...

NAME..

ADDRESSE...

....

MOBIL ....

ZUHAUSE#..

ARBEIT #..

FAX..

EMAIL...

NOTIZEN:

NAME..

ADDRESSE..

....

MOBIL ....

ZUHAUSE#...

ARBEIT #...

FAX..

EMAIL...

NAME..

ADDRESSE..

....

MOBIL ....

ZUHAUSE#...

ARBEIT #...

FAX..

EMAIL...

NAME..

ADDRESSE..

....

MOBIL ....

ZUHAUSE#...

ARBEIT #...

FAX..

EMAIL...

NOTIZEN:

NAME...

ADDRESSE...

....

MOBIL ....

ZUHAUSE#...

ARBEIT #...

FAX..

EMAIL...

NAME...

ADDRESSE...

....

MOBIL ....

ZUHAUSE#...

ARBEIT #...

FAX..

EMAIL...

NAME...

ADDRESSE...

....

MOBIL ....

ZUHAUSE#...

ARBEIT #...

FAX..

EMAIL...

NOTIZEN:

NAME..

ADDRESSE...

....

MOBIL ....

ZUHAUSE#..

ARBEIT #...

FAX...

EMAIL..

NAME..

ADDRESSE...

....

MOBIL ....

ZUHAUSE#..

ARBEIT #...

FAX...

EMAIL..

NAME..

ADDRESSE...

....

MOBIL ....

ZUHAUSE#..

ARBEIT #...

FAX...

EMAIL..

NOTIZEN: